CHANSONS

LA  FEMME

PAR LES MEMBRES DU CAVEAU

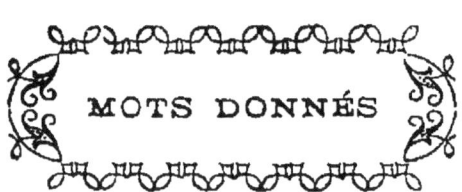
MOTS DONNÉS

PARIS
IMPRIMERIE A. APPERT, PASSAGE DU CAIRE, 56

1862

AVERTISSEMENT.

Les Chansons que contient ce Recueil ont été faites sur des *mots* tirés au sort, et chantées au Banquet annuel (dit *Banquet d'été*), qui a eu lieu le samedi 21 Juin 1862, chez M. ORY, restaurateur, avenue de l'Impératrice.

LA FEMME

TOAST DU PRÉSIDENT.

    A la chanson !
Le ciel est sans nuage,
Et j'entends le pinson
Chanter sous le feuillage,
    A la chanson !

    L'été commence,
Rester dans nos greniers
Serait de la démence :
Allons, gais chansonniers,
    L'été commence.

    Avec les fleurs,
Sur l'herbe ou sur la mousse,
Que nos chants soient meilleurs,
Et que la chanson pousse
    Avec les fleurs.

Fuyons Paris
Et ses caricatures,
Ses bals, ses pleurs, ses cris,
Le bruit de ses voitures…,.
  Fuyons Paris.

  A la campagne,
Nous prenons notre élan,
Et notre verve y gagne ;
Chantons une fois l'an
  A la campagne.

  Les mots donnés
Déjà nous aiguillonnent ;
Ils seront bien tournés,
Mais que de mal nous donnent
  Les mots donnés !

  Que nous importe !
Au gré de nos désirs,
Quand le mal nous rapporte
Tant de nouveaux plaisirs,
  Que nous importe !

  A la chanson,
De gais refrains j'espère
Une riche moisson,
Et je vide mon verre
  A la chanson.

CLAIRVILLE,
Membre titulaire, Président.

LE FRONT

Air : *Suzon sortait de son village.*

On ne veut pas que je réclame,
Et pourtant le sort me confond,
De tous les trésors de la femme,
Je ne dois rien voir que son front.
  Cela me coute...
  Ce front sans doute
D'un champ d'honneur est le poste avancé,
  Mais dans la guerre
  Il n'agit guère,
Car il se trouve un peu trop haut placé.
  C'est la sentinelle perdue
  Qui doit crier : Qui vive ! Hôlà !
  Mais souvent, avant ces cris là,
   La place s'est rendue.

  Malgré mille appas qui me tentent,
  Mes couplets ne célèbreront
  Que les femmes qui se contentent
  D'un simple baiser sur le front.

Baiser candide,
Souvent perfide,
Mais que l'on croit honnête et virginal :
Or, comment faire ?
Tout m'est contraire,
Car, si vraiment mon sujet est moral,
Les fronts des femmes respectées
Doivent seuls me rendre fécond :
Quand j'aurais, pour chanter le front,
Tant besoin d'effrontées.

A ce propos, pardon, Mesdames,
Je dois signaler une erreur,
On nous dit que le front des femmes
Est le siége de leur pudeur ;
C'est bien possible,
C'est admisible,
Mais, je connais des femmes, et beaucoup,
Dont le front presque
Est gigantesque,
Et qui n'ont pas de pudeur du tout !
Cherchez, Messieurs, parmi les vôtres,
Et vous verrez, qu'en fait de front,
Celles qui n'en montrent pas ont
Plus de pudeur que d'autres.

On ne sait où se niche l'âme,
Mais on ne peut, sans contredit,

Nier que le front d'une femme
Ne renferme un malin esprit :
Sans diadème,
Ces fronts là, même,
Ont gouverné nos Rois, bons et mauvais ;
C'est aux fronts crânes
De nos deux Jeannes
Que nous devons Orléans et Beauvais.
Presqu'aussitôt qu'Eve l'entame,
Adam mord au fruit défendu,
Et le genre humain est perdu
Par le front d'une femme.

Les dames ont un front modeste,
Un front morose, un front serein,
Un front fatal, un front céleste,
Un front de neige, un front d'airain :
Tout front diffère
De caractère,
Et, variant comme d'autres endroits,
Ils sont honnêtes,
Malins ou bêtes,
Beaux, laids, gros, grands, petits, larges, étroits,
Et comme nous sommes, nous autres,
Victimes du front qu'elles ont,
C'est presque toujours à leur front
Qu'il faut juger des nôtres.

Donc, Messieurs, vous aurez beau faire ;
Vainement vous exalterez
Mille charmes, dignes de plaire,
Dites tout ce que voudrez :
    Chantez, poëtes,
    Leurs mains coquettes,
Leurs yeux, leur teint, leurs jambes et leurs bras,
    Leur sein de rose ;
    Bref, toute chose
Que l'on vous montre ou ne vous montre pas.
    Malgré vos efforts, je l'atteste,
    En affaires, comme en amours,
    Ce sera le front qui toujours
    Mènera tout le reste.

                      CLAIRVILLE,
            Membre titulaire, Président.

LES CHEVEUX

Air : *Dis-moi donc, mon p'tit Hippolyte.*

En créant la première femme,
Dieu lui donna grâce, beauté,
Un cœur sensible et puis une âme
Pleine d'amour et de bonté,
Ce fut l'ange de charité ;
Aux traits charmants de sa figure,
A l'éclat brillant de ses yeux,
Il ajouta, pour sa parure,
Un long manteau de blonds cheveux.

D'une aussi belle chevelure
Eve se fit un vêtement,
C'était celui de la nature,
Adam le trouva ravissant,
Et fut, dit-on, assez pressant ;

Il en admira la souplesse,
Le ton délicat et soyeux,
Et ses doigts, avec douce ivresse,
Se jouaient dans ces blonds cheveux.

Par suite de sa gourmandise,
Eve quitta le Paradis,
Et, loin de la terre promise,
Elle ne trouva, pour logis,
Qu'un repaire, un affreux taudis ;
Le froid, la faim et la misère
Flétrirent ses traits gracieux,
Et bientôt notre pauvre mère
Vit blanchir tous ses blonds cheveux.

Depuis cette triste aventure,
Si funeste pour les humains,
Les cheveux, changés de nature,
Sont devenus noirs ou chatains,
Rouges, bruns ou gris argentins :
Dans les chauds climats les négresses,
Dont le front est gras et huileux,
N'ont pu jamais porter de tresses
Ni posséder de blonds cheveux.

Si je n'ai pas rempli la tâche
Que m'imposait un sort fatal,

Dites partout que je rabâche,
Et que, sans être original,
Je peigne mon sujet fort mal ;
On peut, à ma muse vieillie,
Arracher les poils deux à deux,
Mais, sur mon crâne, je défie
Qu'on ôte un seul de mes cheveux.

Bouclier,
Membre titulaire.

L'OREILLE.

Air : *Ermite, bon ermite.*

J'aime, petite oreille,
Ton gracieux contour :
A l'âme qui s'éveille,
  Petite oreille,
Porte nos chants d'amour.

Oreille bien aimée,
Qu'un bruit fait tressaillir,
Dans ta nuit parfumée
Pourquoi t'ensevelir ?
Comme la blanche étoile,
Perçant l'azur des cieux,
Déchire enfin ton voile
D'épais et noirs cheveux.
   J'aime, etc.

Mais en vain l'on dérobe
A mes yeux ton éclat ;

Je t'admire quand l'aube
Blanchit ton incarnat,
Et lorsque, la veilleuse
Eclairant ton chevet,
Tu t'endors, oublieuse,
Sur ton soyeux duvet.
   J'aime, etc.

Et quand, sous son doigt rose,
Ma brune, à l'œil d'azur,
Dans son réduit arrose
Ton galbe frais et pur ;
J'aime à voir l'eau qui glisse
Sur ses chastes blancheurs,
Comme dans un calice,
Fuit la rosée en pleurs.
   J'aime, etc.

Bientôt sa main d'artiste
A ton galbe charmant
Suspend perle, améthiste,
Rubis ou diamant ;
Le corail, la topaze,
Auront leur tour, près d'eux :
La turquoise s'embrase
Aux rayons de ses yeux.
   J'aime, etc.

Mais, comme un beau nuage
Rougi par le soleil,
Ton gentil cartilage
S'est teinté de vermeil :
Un souffle, un mot de flamme
Dans ta coupe glissant,
A porté jusqu'à l'âme
Un trouble ravissant.
 J'aime, etc.

Et quand son front s'abaisse,
Beau sous ce feu sacré,
De mes lèvres je presse
Ton cher lobe pourpré ;
Et la vierge, qu'étonne
Son naïf embarras,
Au baiser s'abandonne,
Et tressaille en mes bras.

J'aime, petite oreille,
Ton gracieux contour :
A l'âme qui s'éveille,
 Petite oreille,
Porte nos chants d'amour.

E. Vignon,
Membre titulaire.

LES YEUX.

Air de la valse de *Giselle*.

Au créateur le monde doit la femme,
Ce frêle objet aux contours gracieux ;
Mais ce qui plaît et toujours nous enflamme,
Ah ! c'est surtout l'aspect de ses beaux yeux.

Quand d'un œil noir je vois le feu qui brille,
Mon cœur éprouve un bien sensible émoi,
Si d'un œil bleu la prunelle scintille,
En le fixant je me sens hors de moi.

Lequel des deux a sur moi plus d'empire ?
Je n'en sais rien, je les aime tous deux,
Et chaque jour, à chaque heure, j'admire
Les bleus, les noirs, et les noirs et les bleus.

D'autres encore ont bien quelque mérite,
Et sans rougir on peut en être épris,
Après les bleus, permettez que je cite
L'attrait piquant de deux jolis yeux gris.

De tous ces yeux qui savent l'art de plaire,
A leur éclat l'on ne peut résister,
Que ce soit Rose ou Fanchette ou bien Claire,
Un seul regard saura nous transporter.

Ils sont, dit-on, la lumière de l'âme,
Le rayon pur de la divinité,
Aussi, souvent voyons-nous mainte dame
Avec ses yeux faire la charité.

Défiez-vous de ces femmes immondes,
Dont les attraits ignorent la pudeur,
Ces bruns lutins, ces langoureuses blondes,
N'ont dans les yeux qu'un langage trompeur.

Quand dans les yeux de la femme adorée
Brille l'aveu que nous taisait son cœur,
A son ardeur, trop longtemps concentrée,
A succédé le désir du bonheur.

Profitez-en, amants qu'ici j'envie,
Car dans ses yeux se lit la volupté,
Il est si doux, lorsque l'âme est ravie,
De lui prouver notre félicité.

Deux yeux souvent savent dire : je t'aime,
Mais ces yeux là poussent au repentir,
Et, confiant dans un bonheur suprême,
L'homme s'abuse et devient leur martyr.

Fille à quinze ans fixe les siens à terre,
Du sexe fort elle craint le regard,
L'amour, pour elle, est encore un mystère,
Qu'elle voudrait connaître sans retard.

C'est par les yeux qu'on fait une conquête,
Malgré parfois un petit air moqueur,
N'oubliez pas qu'auprès d'une fillette
C'est par les yeux que l'on arrive au cœur.

Lorsque deux yeux lancent à la sourdine
Des feux brûlants de désir et d'espoir,
Très aisément cette œillade assassine
Fait deviner ce qu'ils veulent avoir.

Je vois encor, comme à travers un prisme,
Deux beaux grands yeux qui surent me charmer,
J'avais vingt ans, quel éloquent mutisme !
Mieux que la bouche ils savaient s'exprimer.

Au créateur le monde doit la femme,
Ce frêle objet aux contours gracieux;
Mais ce qui plaît et toujours nous enflamme,
Ah ! c'es surtout l'aspect de ses beaux yeux.

                      VASSEUR,
                    Membre titulaire.

LE TEINT

Air du *Chanvre*. (Mahiet de la Chesneraye.)

Le teint de la beauté légère,
Que couvre une peau de satin,
Toujours d'une rose éphémère
  A le destin.

A Paris, ainsi qu'au village,
On admire, innocente fleur,
La fillette, dont le visage
De la rose offre la fraîcheur ;
Mais l'amour soudain se dépêche
De cueillir avec volupté
Cette fleur, pareille à la pêche,
Même avant sa maturité !
 Le teint de la beauté, etc.

Bientôt, hélas! fille jolie
De son printemps voit fuir l'éclat ;
Sa figure, déjà flétrie,
N'a plus qu'un douteux incarnat.

Chaque jour, de couleurs factices
Elle badigeonne ses traits,
Et c'est à force d'artifices
Qu'elle conserve ses attraits.
   Le teint de la beauté, etc.

Plus tard, triste métamorphose !
Ce teint charmant, si doux à voir,
N'est plus l'emblème de la rose ;
Il devient jaune, gris ou noir.
Puis, quand la femme est décrépite,
Au lieu d'une pêche, grands dieux !
Ce n'est plus qu'une pomme cuite,
Qui vient grimacer à nos yeux.
   Le teint de la beauté, etc.

La négresse a cet avantage
Sur les femmes de l'Occident,
Qu'ayant un teint noir en partage,
Il échappe à tout accident.
Blanches, nos fragiles maitresses
Trop souvent nous font enrager :
Prenons-en donc chez les négresses,
Dont le teint ne saurait changer !
   Le teint de la beauté, etc.

Quand son visage de notre âme
Réfléchit l'amour ou l'espoir,

On peut bien dire que la femme
Pour nous est un joli miroir ;
Mais si ce visage se fane,
Et jette un reflet incertain,
La femme, pâle et diaphane,
N'est plus qu'une glace sans tain.

Le teint de la beauté légère,
Que couvre une peau de satin,
Toujours d'une rose éphémère
    A le destin.

J. LAGARDE,
Membre titulaire.

LA JOUE

Air des *Fraises*.

A mon sujet, sans détour,
   Loin de faire la moue,
J'admire son fin contour,
Et j'embrasse avec amour
   La joue !

Il est de charmants attraits
   Où Cupidon se joue :
Quand ils sont dodus et frais,
Pour ceux-là je quitterais
   La joue !

                  DUVAL,
                  Membre associé.

LES FOSSETTES

Air : *Mon père était pot.*

Le sort fait à mes blancs cheveux
   Une amère malice ;
Il veut, en rallumant mes feux,
   M'imposer un supplice :
    De tous les attraits
    Qui brillent si frais
   Chez beaucoups de fillettes,
    Les plus séduisants,
    Surtout à seize ans,
   Sont vraiment les fossettes.

Un doux sourire, deux beaux yeux,
   De longs cheveux d'ébène,
Un teint rosé, des cils soyeux,
   Une suave haleine,

Des lèvres d' corail,
De blanch's dents l'émail,
Un' gorge rondelette
Ont, à mon avis,
Cent fois moins de prix
Qu'une double fossette.

Adam perdit le genre humain
Pour un' maudite pomme ;
Quant à moi, je tiens pour certain
Que si le premier homme
A tort a mordu
Au fruit défendu,
C'est qu' la femme coquette,
Que Dieu lui donna,
Qui le fascina,
Avait une fossette.

Du beau Paris la passion
En résultats funeste,
Provint, c'est ma conviction,
De son pouvoir céleste :
Dix ans de combats,
D'Achille l' trépas,
Un' sanglante défaite ;
Tout çà, mes amis,
Fut, je vous le dis,
L'œuvre d'une fossette.

Après un copieux festin
  Peut-on être rebelle !
Je crains qu' ce soir, en mon chemin,
  Une nymphe m'appelle :
   Comme un jeun' vaurien,
   Je n' réponds de rien,
Si, r'gardant la brunette,
  Galamment je vois
  Sur gentil minois
Amoureuse fossette.

            O. Le Vaillant,
         Membre correspondant.

LE NEZ

Air : *Dis-moi donc, mon p'tit Hippolyte.*

Parmi les charmes que la femme
Peut compter dans son riche avoir,
Il en est un dont je réclame
L'honneur de vous parler ce soir,
Par plaisir comme par devoir.
Ma voix n'est pas toujours heureuse,
Ne soyez donc pas étonnés,
Dans mon odysée amoureuse,
Si je vous parle un peu du nez.

Nous aimons tous, entre autres choses,
Couvrir de baisers éloquents
Les ravissants petits nez roses
Des demoiselles... de cinq ans,
Aux visages frais et piquants.
Avec le temps ces têtes blondes
Feront bien des infortunés ;
La guerre peut broyer des mondes
Pour l'amour de ces petits nez !

C'est un nez à la Roxelane
Qui me séduisit chez Anna ;
Puis j'adorai chez Marianne
Le beau nez grec, droit comme un A,
Que la nature lui donna.
Plus tard, Iphigénie, Aurore,
Deux types des mieux burinés,
M'ont vu souvent rêver encore
Au galbe aquilin de leur nez.

Saint-Hubert dit, dans ses annales,
Qu'un bon chien est un vrai trésor...
Eve a des facultés nasales
Beaucoup plus puissantes encor,
Et chasse sans donner du cor.
On peut dire, en voyant ses trames
Enlacer les plus obstinés :
C'est grâce à leur nez que ces dames
Nous mènent par le bout du nez.

Je puis abandonner, sans doute,
Au vent de leurs tristes destins,
Sur les bas côtés de la route,
Les nez rouges, bleus et chatains,
Qui datent des âges lointains.
D'autres, entr'ouvrant leur cratère
Au tabac qui les a fanés,
Nous font voir des pommes de terre
Ou jadis on voyait des nez.

L'amour-propre de tout poëte
Eclaircirait mon front boudeur,
Si je sentais la chansonnette,
Que j'ai rimée avec ardeur,
Etre chez vous en bonne odeur.
Pour les vers d'une œuvre camarde
Sous votre férule inclinés,
Tâchez, amis, que la moutarde
N'aille pas vous monter au nez !

Victor Lagoguée,
Membre associé.

LA BOUCHE

Air : *A l'âge heureux de quatorze ans.*

La femme, qui de l'art d'aimer
A déjà fait l'apprentissage,
Sait employer pour nous charmer,
De sa bouche le doux langage ;
Mais fille, à l'âge de seize ans,
Dans une amoureuse escarmouche,
Pour répondre aux tendres amants,
Fait toujours la petite bouche.

J'espérais trouver le bonheur
Près de la sémillante Adèle ;
Ayant toujours la bouche en cœur,
Quand je lui parlais bagatelle :
Elle fit avec moi longtemps
La petite sainte nitouche,
J'appris plus tard, à mes dépens,
A me défier de sa bouche.

Il est heureux, sans contredit,
De voir une bouche adorable,
Vous adresser avec esprit,
Une phrase, un sourire affable.
De la femme qui, sottement,
Gronde d'un rien et prend la mouche,...
Puissions-nous, pour notre agrément,
Matin et soir clouer la bouche !

Autrefois, un souper frugal
Charmait une jeune compagne ;
Maintenant, au sortir du bal
Il faut des truffes, du champagne ;
Sans bombance, il n'est plus d'amour,
Et la grisette qui vous touche,
S'y laisse prendre, chaque jour,
Moins par le cœur que par la bouche.

Quand vous suivez en tapinois
Jeune fille aux lèvres vermeilles,
Vous pensez qu'une douce voix
Soudain va flatter vos oreilles ;
Et puis, combien l'on reste sot,
Lorsqu'introduit près de sa couche,
Vous entendez un bien gros mot
Sortir de sa petite bouche.

Mais, si la bouche en bien des cas
Nous cause de vives alarmes,
De l'enfance jusqu'au trépas,
Elle sèche aussi bien des larmes :
Qui sait promptement apaiser
L'être au berceau, l'homme farouche,
N'est-ce pas le tendre baiser
Que lui donne une aimable bouche ?

Lyon,
Membre titulaire.

LA LANGUE

Air : *Dis moi donc, mon p'tit Hippolyte.*

Désirant ici de la femme
Mettre à nu chaque beau côté,
Vous avez parcouru la gamme
De ses charmes, de sa beauté;
Vous avez tout dit, tout vanté !
Auprès des belles, ma harangue
Peut-être aura moins de succès,
Car, malgré moi, c'est à la langue
Que je dois faire le procès !

Un procès ? le cas est très grave,
On n'est pas sûr de réussir,
Et puis ma muse n'est pas brave,
Et ce rubicon à franchir
Ici me donne à réfléchir !

Je crains de me faire une affaire :
Et sur mon sujet, cependant,
Je sens bien que l'on pourrait faire
Un plaidoyer vif et mordant !

Faut-il après tout, pour vous plaire,
Diront ces dames en courroux,
Renoncer à tout commentaire,
Et, nous changeant en loups-garous,
Rester muettes comme vous ?
Un tel parti serait extrême,
Ce n'est pas là ce que j'entends,
Mais au lieu de parler quand même,
Reposez-vous de temps en temps !

Avoir la langue bien pendue,
Parler robes, chapeaux, chiffons,
La chose n'est pas défendue,
Discutez donc sur tous les tons,
Riches dentelles et festons !
Ce sont des sujets d'importance,
Nuit et jour il faut y songer,
Même les decréter d'urgence,
Le pays fut-il en danger !

J'aime à vous voir, à vous entendre,
Mesdames, tracer le portrait

D'une rivale et vous étendre
Complaisamment sur chaque trait,
Qui chez elle manque d'attrait !
Vous augmentez encor le nombre
De ses défauts que vous vantez,
Ayant soin de laisser dans l'ombre
Ses charmes et ses qualités !

Mais j'aime aussi votre éloquence,
Quand vous vous faites avocats
Du malheur et de la souffrance,
Secondes mères, ici-bas,
Des orphelins qui n'en ont pas !
Chaque mot de vous fait élore
Pour vos pauvres nouveaux secours :
Parlez alors, parlez encore,
Dans ces cas là, parlez toujours !

Par le charme de sa parole
La femme sait régner sur nous,
Elle nous séduit, nous console,
Et ses accents parfois si doux
Nous retiennent à ses genoux !
C'est dans sa causerie intime
Qu'on trouve surtout le bonheur,
Quand sa voix de velours exprime
Les secrets cachés dans son cœur !

Voyant que j'avais quelque chance
Ici de me casser le cou,
J'ai voulu du moins, par prudence,
Ménager la chèvre et le chou !
Ai-je été sage, ai-je été fou ?
D'avoir retenu ma férule,
Les hommes m'en voudront ici,
Et le beau sexe, que j'adule,
Me jettera la pierre aussi !

Ed. LEGRAND,
Membre titulaire.

LES DENTS

Air du *Protecteur* de L. Festeau,
ou : *Ermite, bon ermite*.

Ninette, si rieuse !
Ta bouche de corail
S'ouvre franche et joyeuse ;
   Sois glorieuse
De dents au riche émail !

Ta bouche est un peu grande,
Mais qu'elle a de fraicheur !
Et ta lèvre friande
Est pleine de saveur.
Prodigue-nous sans cesse
Ton rire, blanc bijou :
De tes dents de sagesse
Chacun deviendra fou !
   Ninette, etc.

Quatorze ans font ton âge :
Qu'il vienne un an encor,
Sous ton étroit corsage
Va poindre un beau trésor.
Alors chacun de dire :
« Ah ! Quel tendron charmant ! »
Et ton naïf sourire
Paiera le compliment.

  Ninette, etc.

Satisfaite de vivre
Sans souci, sans émoi,
De l'amour le beau livre
Reste fermé pour toi :
Mais au rire, follette,
Peut succèder un pleur,
Car toujours ce Dieu guette
Bouton qui devient fleur.

  Ninette, etc.

Ainsi que ta mère Eve,
Le serpent tentateur
Troublera chaque rêve
De l'Eden de ton cœur ;
Et puis un téméraire,
Adroit, jeune, assidu,

Un jour viendra te faire
Mordre au fruit défendu.

Ninette, si rieuse !
Ta bouche de corail
S'ouvre franche et joyeuse ;
   Sois glorieuse
De dents au riche émail.

Justin C<small>ABASSOL</small>,
Membre honoraire.

LE MENTON

Air : *J'ai vu partout dans mes voyages.*

Tout ce que je vois chez la femme,
Et tout ce que je ne vois pas...
Me séduit, m'excite, m'enflamme....
Tant je lui reconnais d'appas !
Mais en amoureux plein de zèle,
(Dût frémir l'ombre d'un Caton)
J'ai regret de n'avoir chez elle
A caresser que le menton.

Après tout j'accepte la tâche
Que le hasard m'impose ici :
Il est même bon que je tâche
D'en triompher... Bon ! m'y voici.
Disons, à moins d'être un osage,
Que comme cachet de bon ton,
Ce qui soutient mieux le visage
Assurément c'est le menton.

Dans un bal, chastement rebelle
A nous paraître ainsi qu'elle est,
Souvent la femme la plus belle
Au demi masque se complait.
Bien que nous cherchions à nous joindre
A son soin du quand dira t'on,
On s'emflamme dès qu'on voit poindre
Le petit bout de son menton.

Pour ne point faire, homme inhabile,
Comme l'on dit, un pas de clerc,
A quoi voit-t-on fille nubile?
A quoi? mon Dieu, rien de plus clair.
C'est quand son regard nous fascine,
Et c'est notamment, nous dit-on,
Quand un fin duvet se dessine
Et veloute son frais menton.

L'amour, expert en stratagême,
Fait de moi presque un aigrefin :
Je bois, je ris, je chante, j'aime,
Aussi j'arrive à bonne fin :
Toute femme, que ce soit Rose,
Adèle, Hortense ou... Jeanneton,
Afin que je prenne autre chose
Me laisse prendre son menton.

C'est le menton que chez Nicette
J'admire surtout chaque jour,
Car j'y découvre une fossette
Où semble se jouer l'amour.
Donc, pardonnez si je vous quitte,
Mais il me tarde, amant glouton,
D'aller de mes baisers bien vite
Couvrir le trou de son menton.

D. THIÉBAUX,
Membre associé.

LE SOURIRE.

Air d'*Octavie* ou de la valse *des Comédiens*.

Des mille attraits qui forment son empire
La femme peut rayer nerfs et vapeurs
Sans nul danger... mais garder le sourire,
Qui plaît, console et charme tous les cœurs.

Point n'est ici question des grimaces
Que la marchande exhibe à l'acheteur,
Ni des souris tramés devant leurs glaces
Qu'offrent les rats à leur entreteneur.

Mais d'un rayon de la céleste flamme,
Eclaircissant un front trop sérieux,
Et qui, glissant au fond d'une belle âme,
Vient animer les lèvres et les yeux.

C'est ce rayon que la petite fille
Perçoit déjà dans ses jeux innocents,
Dans sa risette à toute la famille,
Qu'elle séduit par ses airs caressants.

A dix-huit ans, si le plaisir l'invite,
Il étincelle à travers sa pudeur,
Et l'ami sûr qu'avec peine elle évite,
Ne doute plus qu'il sera son vainqueur.

Il resplendit... dès qu'elle a mis au monde
Un nouvel être attendu jour par jour,
Et qu'elle peut, sur sa couche féconde,
Voir et baiser le fruit de son amour.

Plus qu'à la plainte, aux larmes, au tapage,
D'une moitié souffrant de ses travers,
C'est un sourire à qui l'époux volage,
Doit bien souvent de reprendre ses fers.

Aux noirs soucis alors qu'elle est en proie,
Ce qui l'entoure est maussade et chagrin,
Mais tout le jour sa maison est en joie,
Quand une mère a souri le matin.

Enfin tout près de franchir la limite
Qui la sépare encore du bon Dieu,
A ceux qu'elle aime... et qu'il faut qu'elle quitte,
Un doux sourire est son dernier adieu !...

Des mille attraits qui forment son empire
La femme peut rayer nerfs et vapeurs
Sans nul danger... mais garder le sourire
Qui plaît, console et charme tous les cœurs.

JULES-JUTEAU,
Membre associé.

L'HALEINE.

POT-POURRI.

Air de *Marlboroug*.

J'arrive hors d'haleine,
Que mon cœur, que mon cœur a de peine !
Mais le devoir m'enchaîne,
Il faut m'exécuter,
Et, sans plus hésiter,
A mon tour vous chanter
Des couplets sur l'haleine,
Que mon cœur, que mon cœur a de peine !
Je ne suis pas en veine,
Et vais vous. . attrister !

Air : *Tonton, tontaine, tonton.*

Pour définir ici l'haleine,
Embouchons donc le mirliton,
Tonton, tonton, tontaine, tonton ;

C'est le souffle de Madeleine,
De Rose... ou bien de Jeanneton !
Tonton, tontaine, tonton.

Air *des Fraises*.

Quand Pâris, ce beau garçon,
   Osa ravir Hélène,
Cet aimable polisson,
En Grèce, avait senti son
   Haleine !

Air *du Verre*.

J'aime, quand vient le renouveau,
Humer la brise qui soupire :
Vous savez tous que d'un perdreau
L'odeur me séduit et m'attire :
J'aime les parfums séduisants
Que Flore exhale dans la plaine ;
Mais d'une belle de seize ans
J'aime mieux respirer l'haleine.

Air : *Mes bons amis pourriez-nous m'enseigner.*

Un savetier,
   La gloire du quartier,
Jadis remontait chaque bonne :

Il appliquait
La pièce ou le béquet,
Suivant le goût de la friponne :
Mais, à ce jeu,
Morbleu,
Il perdit avant peu,
Son temps, sa force et son haleine :
Je le vois,
Réduit aux abois,
Sans cuir, sans astic et sans poix,
Forcé de briser son alène.

Air : *Un homme pour faire un tableau.*

L'amour, qui t'a livré mon cœur,
Ne devrait m'offrir que des charmes ;
Mais faut-il qu'au lieu de bonheur,
Je ne récolte que des larmes ?
Quand donc du trône du plaisir
Auprès de toi pressant la laine,
Pourrai-je, au but de mon désir,
D'Aglaé savourer l'haleine !

Air *du Dieu des bonnes gens.*

Le jour, la nuit, c'est à toi que je pense,
Mon Aglaé, toi seule est tout pour moi :
Sans redouter les frais ni la dépense,
Que je voudrais pouvoir agir en roi !

Pour effleurer ton haleine, ô mon ange,
Je te ferais les plus riches cadeaux ;
Mais ne crois pas cependant qu'on me mange
    La laine sur le dos !

   Air : *L'hymen est un lien charmant.*

L'haleine offre un attrait charmant
Lorsque l'on s'aime avec ivresse ;
Mais ce n'est que dans la jeunesse
Qu'on peut l'exhaler tendrement.
Quand les yeux sont éteints par l'âge ;
Lorsque les pas sont chancelants ;
Son parfum alors déménage,
Adieu l'haleine et le courage ;
Adieu les amoureux élans
Qu'on trouve au début du voyage !

   Air *du fait et du faire.*

Je sais bien que, pris sur le fait,
J'ai montré peu de savoir faire ;
Mais qu'y faire ! On n'est pas parfait,
Ce que j'ai fait peut se refaire.
Vous produisez tous de l'effet,
De fleurs votre corbeille est pleine ;
Mais, quant à moi, j'aurais mieux fait
De ne rien faire sur l'haleine !

           Paul Van Cleemputte,
              Membre titulaire.

LA TÊTE

Air de *Fanchon*.

J'vais vous chanter la tête
Dont j'ai fait la conquête :
　　Sur mon honneur,
　　Dans mon ardeur,
D'la beauté qui m'estime,
J'vais vous fair' un bien p'tit portrait ;
　　Mais si j' péch' par la rime,
　　Au moins y' aura du trait.

A sa tête friponne,
On voit bien qu' la mignonne
　　Ferait l'amour
　　La nuit, le jour :
Près d'elle quand j'm'escrime,
Ell' me dit d'un air tout distrait :
　　N' soign' donc pas tant la rime,
　　Et que j'sente un peu l' trait.

C'te têt' là m'met en veine,
Mais l'sort me fait d'la peine :
D'autr' chant'nt les yeux,
Le nez, les ch'veux :
Or, pour payer ma dime,
Plus d'un membre se fâcherait,
Si j'lui chippais sa rime,
Si j'lui volais son trait.

P. Brunel,
Membre associé.

LES VAPEURS

Air : *On dit que je suis sans malice.*

Grâce au progrès qui nous entraîne,
La Vapeur règne en souveraine ;
Moteur puissant... universel...
Elle anime tout sous le ciel ;
Mais, longtemps avant que notre âge
En fit, à tort, son apanage,
Un sexe, aux dehors bien trompeurs,
Connaissait déjà les vapeurs !

En effet, la locomotive
Ne sillonnait aucune rive,
Que, dans la ruelle et le boudoir,
Les vapeurs fondaient leur pouvoir ;
Diagnostics d'envie ou de peines,
De nos grand'-mères les migraines,
Pour nos aïeux, motifs de peurs,
N'étaient autres que des vapeurs !

Un désir... l'ennui... la colère...
Sont le combustible ordinaire
Qui, chez les femmes, du cerveau
Fait une espèce de fourneau ;
Un sein qui bat est la chaudière
Qui guide la machine entière,
Les yeux sont les régulateurs...
En deux mots, voilà les vapeurs !

D'une manière très adroite,
De nos jours le beau sexe exploite
Ce moyen sûr et des plus fins,
Pour en arriver à ses fins ;
Il en use et même en abuse,
Car, bien souvent, ce qu'on refuse
A ses prières, à ses pleurs...
Il l'obtient grâce à ses vapeurs !

De la langoureuse Maxime (1)
L'époux est chauve et cacochyme,
Mais un cousin vient chaque soir
La distraire... et quand, plein d'espoir,
L'époux, d'un vieux reste de flamme,
Voudrait... la soubrette, bonne âme,
Fermant la porte à ses ardeurs,
Lui dit : Madame a ses vapeurs !

(1) Ne pas confondre avec Mademoiselle Maxime
célèbre tragédienne.

Vous, épouses, par trop candides,
Si vos Crésus, par trop sordides,
Pour vos souhaits se montrent sourds,
A ce moyen ayez recours :
Oui, pour avoir hôtel... voiture,
Diamants... robes à guipure,
Cachemire aux riches couleurs,
Avant tout, ayez des vapeurs !

Ce mal a si bien pris racine,
Qu'on guérit la gent féminine
D'un abcès... d'une fluxion...
Même d'une inflammation ;
On la guérit d'une chlorose,
Ainsi que de... bien autre chose,
Mais jamais nos savants docteurs
Ne la guériront des vapeurs !

Le but de ma chanson s'explique,
Et sa morale est sans réplique,
Epoux... amants... pour être heureux,
De vos belles comblez les vœux,
Sinon un bruit... une tempête
Mettraient en péril votre tête...
Craignez moins les esprits frappeurs
Que de ces dames les vapeurs !

A. Salin,
Membre honoraire.

LE CŒUR.

Air du *Bouffe et le Tailleur*.

. . . .
. . . .
. . . .
. . . .
. . . .
. . . .
. . . .
. . . .
. . . .

Toirac,
Membre titulaire.

NOTE DE LA RÉDACTION. — Cette chanson, par des motifs complétement étrangers à la politique, n'a pas été imprimée. — On croit que l'auteur a craint une réclamation de la part des héritiers de M. le chevalier de Boufflers.

LES BRAS

Air : *De ma Céline amant modeste.*

Au sort, qui contre moi conspire,
J'ai dû bien des moments d'ennui,
Mais cette fois, je peux le dire,
Je suis assez content de lui !
Les bras ! ce sujet, je l'espère,
Comme moi vous aurait tentés,
Au souvenir de votre mère
Qui sur les siens vous a portés.

Il en est de courts, de débiles,
Il en est de très-effilés,
Mais qu'importe, s'ils sont utiles,
Qu'ils soient maigres ou potelés :
Cependant, comme protectrices,
Mesdames, nous vous rappelons,
Que vous rendez bien des services
Lorsque vous avez les bras longs.

Quand déjà la dot est fort bonne,
Jeunes mariés, quel beau jour !
Lorsqu'à la main que l'on vous donne
Vient se joindre un bras fait au tour :
Ils sont chez la blonde et la brune
Inséparables, Dieu merci !
Et du moment qu'on donne l'une,
Il faut bien donner l'autre aussi.

Avant que les manches pagodes
Eussent déployé leur ampleur,
D'autres tout aussi peu commodes
Furent quelque temps en faveur :
Alors (ce propos est infâme),
On disait, passez moi le mot,
Que vos bras, demoiselle ou dame,
S'étaient transformés en gigot !

Pénélope, prudente et sage,
Pour fermer son cœur aux amants,
Au travail, aux soins du ménage
Consacrera tous ses moments :
Usez d'un pareil artifice,
Vous, qui vous trouvez dans ce cas,
Imitez la femme d'Ulysse,
Ne vous croisez jamais les bras !

Doué d'une force incroyable,
Un jour, pour punir ces mutins,
Samson qui les donnait au diable
Tua, seul, mille Philistins :
Moins forte et sans mâchoire d'âne
Nous savons, nous autres Français,
Que le bras d'une paysanne
Mit en déroute les Anglais !

Dans vos bals, dans vos promenades,
Mesdames, vous en faites cas :
Et souffrez-vous, pauvres malades,
Ils ne vous abandonnent pas :
Joignant l'utile à l'agréable,
Du sort pour conjurer les coups,
Ils iront, c'est incontestable,
Jusqu'à verser leur sang pour vous !

Bref ils sont, je le certifie,
D'une telle nécessité,
Que ce n'est qu'en perdant la vie
Qu'on n'en sent plus l'utilité :
Et, c'est là ce qui nous explique,
Comment, sans paraître y penser,
De Milo la Vénus antique
Trouve moyen de s'en passer !

De ces couplets je suis le père,
Et si pour eux je ne puis rien,
Faites à ma muse, leur mère,
L'aumône que vous savez bien :
Je vous dirai du fond de l'âme
Ce que l'on dit en pareil cas,
Secourez une pauvre femme,
Avec neuf enfants sur les bras !

Eugène Désaugiers,
Membre honoraire.

LE POIGNET.

Air de *la petite Gouvernante*.

Pour étude récréative,
On livre au scapel du Caveau
La femme nue et toute vive,
Comme Vénus sortant de l'eau.
Le sort, pour moi toujours prodigue,
En partageant ce beau sujet,
M'a donné, sans que je la brigue,
La dissection du poignet.

Cette tâche n'est pas facile,
Car, entre les bras et la main,
La distance devient subtile
Pour qui décrit le corps humain.
Aussi, je crains que mon ramage
Ne reste court dans un couplet,
Si ma muse, cette volage,
Ne me donne un coup de poignet.

Vanter la force musculaire
D'une belle aux doigts arrondis,
C'est la transformer en mégère,
Loger l'enfer en paradis :
Quand on a la poigne solide,
A s'en servir ont est sujet ;
Maint époux, s'il n'est un Alcide,
Doit redouter un tel poignet.

C'est donc la grâce et la souplesse
Qu'il faut au poignet féminin,
Car il est fait pour la caresse,
Comme le buveur pour le vin.
Entre hommes, l'injure est extrême,
Lorsque l'on reçoit un soufflet :
Mais d'une femme que l'on aime,
Ce n'est qu'un jeu de son poignet.

Lorsque l'héroïque pucelle
Mit en déroute les Anglais,
Par son courage elle fut belle,
Bien plus encor que par ses traits.
Pour attaquer et se défendre,
Autre chose elle possédait :
Un cœur, qui jamais ne fut tendre,
Et surtout un fameux poignet !

Prosper FOURNIER,
Membre correspondant.

LA MAIN.

Air : *Verse encor.*

 C'est la main,
La main, la main, la main
Qui du clavier humain
Fait vibrer chaque gamme,
 C'est la main,
La main, la main, la main.....
Voilà pourquoi la femme
Nous mène par la main !

 Au temps déjà loin
Des jours de notre enfance,
 Quand l'homme a besoin
De soutien et de soin,
 Qui donc, sans témoin,

Veillant à sa défense,
Lui fait ici-bas
Risquer ses premiers pas ?
C'est la main, etc.

Sur le boulevart,
En gracieux trophée,
Qui groupe avec art
Le velours, le brocard ?
Est-il quelque part
Une magique fée
Pour offrir aux yeux
Ces travaux merveilleux ?
C'est la main, etc.

Quand son jeu charmant,
Se riant des dédales,
Donne artistement
Une âme à l'instrument,
Et court savamment
Des touches aux pédales,
Qui charme nos sens
Par de divins accents ?
C'est la main, etc,

D'un amour naissant
Lorsque l'ardente fièvre

Brûle notre sang
D'un feu toujours croissant,
En la caressant,
Que cherche notre lèvre,
Pour y déposer
Un tendre et long baiser ?

    C'est la main, etc.

Pour mieux la saisir
Qu'aux genoux on se glisse,
Qu'un double désir
Nous invite au plaisir,
Qui, sachant choisir
L'instant le plus propice,
Dans sa pression
A tant d'expression ?

    C'est la main, etc.

Qui vient, au malheur
Apportant son obole,
Bannir la pâleur,
Et sécher plus d'un pleur ?
Dans mainte douleur,
Comme un divin symbole,
Qui calme et guérit
Et le corps et l'esprit ?

    C'est la main, etc.

D'un simple quatrain,
D'une romance tendre,
Ou d'un gai refrain
Qu'on soit l'heureux parrain,
Doublant notre entrain,
Qui saura faire entendre
D'un bravo flatteur
Le murmure enchanteur ?

C'est la main,
La main, la main, la main
Qui du clavier humain
Fait vibrer chaque gamme,
C'est la main,
La main, la main, la main.....
Voilà pourquoi la femme
Nous mène par la main !

Louis Protat,
Membre titulaire,

LE COU.

Air : *Ne raillez pas la garde citoyenne.*

Oh ! regardez le cou mignon et rose
De cette enfant, plus blonde que les blés ;
L'ambre d'Asie en perles s'y repose,
Et les rubans l'ornent tout dentelés !

Hier bouton, aujourd'hui fleur qui s'ouvre;
Sous la torsade, aux anneaux chevelus,
Son cou, plus blanc que le lin qui le couvre,
A la candeur... une blancheur de plus !

O nudité, qu'à demi la dentelle
Laisse entrevoir à l'œil qui s'y suspend,
Tu ne sais pas, innocente cruelle,
La volupté que ton parfum répand !..

Mais quoi ! Le cou rougit sous une lèvre !
Le sang frémit dans tous ses bleus conduits ;
Du front au cœur la délirante fièvre
Porte son feu, qui brûle ces réduits.

Oh ! Voyez donc l'amour en brigandage,
L'enfant cruel dévoile la pudeur ;
Effrontément il déchire et ravage
Blonde et satin. — le petit maraudeur...

Son bras, si doux, sur le cou blanc se ferme,
Et, comme l'eau, suit le fleuve en son lit,
Le cou, charmé suit le bras doux et ferme,
Et s'apprivoise à l'amoureux délit...

Bientôt, au cou d'une mère idolâtre
De petits bras s'enlacent à leur tour...
Puis, à leur tour, les petits cous d'albâtre
Seront surpris par les bras de l'amour !

Je suis à toi, doux charme de la femme !
Verse à ton gré le bonheur... le tourment...
Pôle d'amour, où l'aimant de notre âme
Va de lui-même... irrésistiblement !..,

A. VILMAY,
Membre associé.

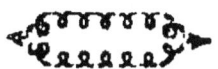

LA GORGE.

Air : *Un homme pour faire un tableau.*

Sexe charmant, sexe enchanteur,
Ton esprit, ce soir, nous inspire :
Toi, qui fis longtemps mon bonheur (1),
A mes vers puisse-tu sourire !
Naguères, Guillois a chanté
Le beau bras de sa Célestine,
Moi, je chante avec volupté
Le belle gorge de Rosine.

Est-il rien de plus séducteur
Que son sein rondelet et ferme ?
C'est la neige pour la couleur,
C'est un satin pour l'épiderme :
Sa forme excite le désir,
On n'en voit moins qu'on n'en devine,
Car la pudeur sait embellir
La belle gorge de Rosine.

(1) Vingt-sixième volume du *Caveau*, page 245.

Avec elle il n'est rien de faux,
Tout est donné par la nature ;
Son beau corps n'a pas de défauts,
Ses charmes sont sans imposture.
Femmes, qui devez vos appas
Au coton, à la crinoline,
Certes, vous enviez tout bas
La belle gorge de Rosine.

Toujours modeste en mes désirs,
Et suivant la route commune,
J'ai préféré de doux plaisirs
Aux dons brillants de la fortune.
J'ai, pour assurer mon bonheur,
Santé, travail, humeur badine,
Et je possède, avec le cœur,
La belle gorge de Rosine.

La mort est, dit-on, un réveil
Qui de la vie éteint le rêve :
Je sens, pour moi, de ce sommeil
Que le cours, déjà long, s'achève.
Puisse-je, avant de m'éveiller
A l'appel de la voix divine,
Avoir, pour dernier oreiller,
La belle gorge de Rosine.

A. BUGNOT,
Membre titulaire.

LES HANCHES.

Air : *Un homme pour faire un tableau.*

La femme a des moyens nombreux
D'exercer sur nous son empire.
Sa beauté, sa grâce en tous lieux,
Charment l'homme jusqu'au délire...
Quelle profusion d'appas
S'étale au bal ou sur les planches !...
Moi, parmi ceux qu'on ne voit pas,
Ce que j'aime ce sont les hanches !

Par les hanches, me dira-t-on,
Qu'entendez-vous ?... à notre époque,
La crinoline et le coton
Prêtent souvent à l'équivoque :
C'est vrai, mais quand je viens chanter
Des formes bien rondes, bien franches...
J'entends, on n'en saurait douter,
Parler de véritables hanches.

A la halle autrefois Vadé
Consacra sa plume égrillarde,
Et, dans un style peu fardé,
Pour nous fit parler la poissarde :
Aujourd'hui sa mauvaise humeur
En termes moins grossiers s'épanche,
Mais on la voit dans sa fureur
Mettre encor le poing sur la hanche !

Vénus callypige, jadis
Des vieux libertins la déesse,
Dispute, aux yeux du beau Pâris,
La pomme de la gentillesse...
Junon pâlit... Minerve en vain
Dans ses attributs se retranche,
Vénus sourit avec dédain,
Et se borne à cambrer sa hanche !

Une femme bien faite doit
Avoir les hanches en saillie :
Plus aisément elle conçoit,
Ses enfants viennent pleins de vie ;
Aussi l'homme robuste et sain,
Qu'il soit de Pékin ou d'Avranches,
Doit-il bénir Dieu, dont la main
Le fit naître de larges hanches !

Hte Fortin,
Membre correspondant.

LA TAILLE.

POT-POURRI.

Air du *Verre.*

La femme est un sujet charmant :
Il faudra toujours, ce me semble,
Pour l'apprécier justement,
La contempler dans son ensemble.
Mais, puisqu'en friands connaisseurs,
Vous préférez qu'on vous détaille
Ses attraits puissants, enchanteurs,
Je vais, moi, lui prendre la taille.

Air : *Je loge au 4ᵉ étage.*

La taille épaisse et potelée
Réjouit l'époux musulman :
L'Espagnole, bien découplée,
Se cambre audacieusement ;

Nos femmes qui, sous les aisselles,
Portaient leur taille, en d'autres temps,
Portent encore les bretelles,
Mais leur corsage est sur leurs flancs.

AIR : *Bonjour, mon ami Vincent.*

Cett' taille a pour ornement
Deux globes de bonne mine ;
Par derrière et par devant
En guêpe elle se termine :
Mais est-c' pour cacher les mouv'ments du corps
Qu'ell's font mouvoir tant et tant de ressorts ?
Les cages et la crinoline
Pourraient fair' penser qu'ell's n'ont pas d'appas,
Ça doit vous gêner, mesdam's, n'est-ce pas ?
Ça doit vous blesser quelque part... n'est c' pas?

AIR du *Petit frère.*

Les danseuses de l'Opéra
Ne doivent pas avoir la crampe :
Du reste, on aperçoit bien ça,
Pour peu qu'on soit près de la rampe :
Un de leurs plus curieux pas,
C'est lorsque la nymphe travaille
Les pieds en l'air, la tête en bas,
La robe au-dessus de la taille (1).

(1) Mme Petipa exécute admirablement cet exercice dans le ballet du *Marché des Innocents.*

Air de la valse de *Giselle*.

Heureux l'amant, dont la main frémissante,
En entraînant dans un galop fiévreux
Sa belle amie, à la taille élégante,
Peut en saisir les contours gracieux !

Dieux ! quels transports ! quelle extase enivrante !
Quels feux divins et quels brûlants soupirs !
Des deux amants la valse éblouissante
Enlace, étreint les bras et les désirs.

Comme il triomphe ! on juge, à son délire,
Qu'il a senti palpiter sous sa main
Un cœur, touché de l'amoureux martyre,
Et qu'il espère un heureux lendemain !

Air de *Ma Céline amant modeste*.

Je voudrais bien, en confidence,
Vous faire l'offre d'un avis,
Donnez-moi donc la confiance
Que se doivent de vrais amis...
Que la réserve et la mesure
Brillent dans vos chants ingénus...
Sans lui dérober sa ceinture,
Vous prendrez la taille à Vénus.

C. FOURNIER,
Membre honoraire.

LES NERFS.

INDISPOSITIONS FICTIVES ET SPONTANÉES.

Air : *Les anguilles, les jeunes filles.*

Peu chanceux, les Nerfs de la femme
Me sont échus, singulier lot !
De l'art des *Andral*, sur mon âme,
Je ne sais pas le premier mot.
On aime la chanson folâtre ;
Mon sujet prédit un revers,
Laissons gémir, sur son théâtre,
Le drame où figurent les nerfs.

Dieu me garde de mettre en doute
D'un sexe faible les douleurs ;
Et contre celles qu'il redoute
Je crois au savoir des docteurs.
Mais, les princes de la Science,
A les combattre très experts,
Riraient des semblants de souffrance,
Qui pour prétextes ont les nerfs.

Caroline, dont on déplore
Le luxe ruineux, les goûts,
Incorrigible, accroit encore
Les torts que blâme son époux.
Il gronde, menace, fait rage ;
Elle, en dépit de ses travers,
Sans s'émouvoir attend l'orage,
Qu'apaise une crise de nerfs.

L'époux absent, lorsque Raymonde
Donne des rendez-vous secrets ;
L'obscurité la plus profonde
De son boudoir défend l'accès.
Revenant chez lui, de Madame
Si les volets ne sont ouverts,
Tout bas, Monsieur dit : Pauvre femme !...
Est-elle sensible des nerfs !

De la belle Ida le caprice
Devint l'agent provocateur,
Et maint espoir déçu, l'indice
D'un soudain malaise trompeur.
On lui concéda tant de choses,
Que la médaille eut pour revers
Des refus... infaillibles causes
De stériles accès de nerfs.

Dans le monde élégant, Bélise,
Veuve d'un Gentlemen quinteux,
Renonce aux nœuds que rien ne brise,
Et berne un essaim d'amoureux.
Si l'un d'eux fléchit la tigresse,
Elle a, réformant ses grands airs,
Pour dissimuler sa faiblesse,
Spasmes, vapeurs et maux de nerfs.

A la mairie on mène Armande
Qu'entoure un groupe réjoui,
Au magistrat, sur sa demande,
Le futur enchanté dit : Oui !
Armande, qui rompt au contraire
Des liens clandestins et chers,
Ne répond à Monsieur le Maire,
Que par une attaque de nerfs.

Filles, femmes dans les villages,
Des ruses que nous précisons
Méconnaissant les avantages,
Se bornent à des pamoisons.
Certaines viragos qui guettent
Leurs galants, leurs maris pervers,
D'une main ferme les soufflettent,
Sans évolutions de nerfs.

P.-J. Charrin,
Membre titulaire.

LES DOIGTS.

A UNE ENFANT NOUVEAU NÉE.

Air de l'*Anonyme*.

Ce matin même, enfant, tu viens de naître,
Grâce au hasard, du sexe féminin,
Mais de ce sexe on sent dans ton jeune être
Déjà filtrer l'astuce et le venin :
En arrivant à tes différents âges,
Dans l'avenir, que de loin j'entrevois,
Cherchons un peu quels différents usages
Tu pourras faire un jour de tes dix doigts.

En peu de temps d'abord ta main transforme,
Car nuit et jour cette main le pétrit,
En gobelets d'aspect assez difforme
Le sein charmant, dont le lait te nourrit :
Puis quand ton torse a plus de consistance,
Et qu'en marchant il se tient presque droit,
Stoïquement, mais avec persistance,
C'est dans ton nez que tu fourres le doigt !

De tes défauts, en devenant plus grande,
Je vois bientôt la liste s'augmenter,
Pardessus tout tu deviens très gourmande,
Et sans efforts tu te laisses tenter :
Pendant la nuit, seule, tu t'aventures,
Marches pieds nus et sans crainte du froid...
Tu connais bien l'armoire aux confitures,
C'est dans le pot que tu fourres le doigt.

Mais à présent te voilà jeune fille,
Ta gorge a pris des contours séduisants :
Ta taille est svelte, et ton regard pétille
En réflétant l'ardeur de tes seize ans :
. . . .
. . . .
. . . .
. . . .

Plus loin encor la passion t'entraine,
Folle, coquette, ivre de vains désirs,
Tu veux partout que l'on te traite en reine,
Un riche amant pourvoit à tes plaisirs !
Dès ce moment, inutile poupée,
Qu'on mène au bal, et qu'on promène au bois,
En gaspillant ta vie inoccupée,
Tu ne fais pas œuvre de tes dix doigts.

Le temps s'écoule, et ta beauté s'envole,
Après avoir longtemps vendu l'amour,
Ton rôle change, et c'est toi, vieille folle,
Qui chèrement l'achètes à ton tour :
Par un escroc tu te laisses surprendre,
Tu crois qu'il t'aime…, en te volant, il doit
Dans peu de jours, te faire enfin comprendre
Comment dans l'œil on se fourre le doigt.

Touchant alors au terme de la route,
A ton passé tu songes en pleurant,
Et reconnais que de tes doigts sans doute
Tu devais faire un emploi différent !
Tu fus rebelle au vœu de la nature,
Car ici-bas ses immuables lois,
Non pour servir au luxe, à la luxure,
Mais au travail ont destiné les doigts.

Louis Protat.
Membre titulaire.

LES ONGLES.

Air de *la Fête du Village voisin*.

Heureux amis, vous pouvez vous étendre
Sur mille appas créés pour les amours,
L'un de la gorge, aux gracieux contours,
   Nous fait le portrait le plus tendre :
     Par de doux chemins
     De la gorge aux reins
   Un autre nous fait redescendre :
     Quels jolis pays,
     Mes sens sont ravis,
Qu'il fait bon trouver ces fraîches oasis ;
Mais le bout des doigts, hélas ! seul m'est permis !

Un ongle rose est un signe de vie
Qui sied fort bien à dame de haut rang,
Et prouve mieux la richesse du sang
   Que notre généalogie :
     Fuis bien loin d'ici,
     Vieux ongle noirci
   De la sorcière Canidie,

Oiseaux de Cypris,
  Aux ongles polis,
Dont les colombiers furent mon paradis,
Le bout de vos doigts, hélas ! seul m'est permis!

Aux bords lointains où le sang noir bouillonne,
Un filet jaune au bout d'un ongle blanc
Trahit toujours la fille du Soudan,
  Voluptueuse quarteronne.
  Ardentes beautés,
  Aux sens emportés,
Vous que le plaisir aiguillonne,
  Vos sauts et vos cris
  A rompre les lits
Pour un amateur ne manquent pas de prix ;
Mais le bout des doigts, hélas! seul m'est permis.

Mari prudent de femme atrabilaire,
Fais lui tailler ses ongles carrément :
Un ongle en pointe est dangereux vraiment
  Au bout du doigt d'une mégère :
    Quel air furieux,
    Prends garde à tes yeux !
Mais veux-tu calmer sa colère?
  . . . .
  . . . .
. . . .
Mais le bout des doigts, hélas! seul m'est permis!

Oui, je l'avoue, aujourd'hui quand je passe
Près de beautés aux minois séduisants,
Je me souviens que je n'ai plus trente ans,
  Et je porte la tête basse.
    L'amour, ce gamin,
    Polisson divin,
   Déserte en faisant la grimace ;
    Les graces, les ris,
    Quittent mon logis ;
Mais reste la cave et quelques bons amis,
De serrer leurs doigts il m'est toujours permis.

ENVOI AU CAVEAU.

Dans ce tournoi, le sort, s'il est contraire,
D'un mot sans rime opprime une chanson ;
Si celle-ci n'a ni rime ni raison,
  Faut-il que je me désespère ?
    Sans trop y songer,
    Ni me les ronger,
   Sur les ongles, je viens de faire
    Des vers peu finis :
    Mon Phébus est gris,
Je crois que sur l'ongle il aura fait rubis,
Tapez sur ses doigts, cela vous est permis.

     A. de Montgravier.
     Membre correspondant.

LES GENOUX.

Air de *Pilati*.

Chacun préconise un système
Pour plaire à cet objet charmant
Qui, lorsqu'il murmure : je t'aime,
Nous met dans le ravissement.
Les yeux, pour l'un, sont une amorce,
Le cœur semble à l'autre plus doux :
Moi, bon gré, mal gré, l'on me force
De le prendre par les genoux.

Quand le sort, se montrant traitable,
M'appelle au milieu d'un festin,
Si mon hôte me donne à table
Pour voisine un joli lutin,
D'être un vert galant, je me pique ;
Et, voyant ses yeux sans courroux,
Je mets en jeu ma politique,
Et je lui presse les geneux.

Car les genoux, la chose est sûre,
Sont, sur le *rail-way* de l'amour,
Les jalons, dont l'amant s'assure
Pour atteindre un charmant séjour.
Ce sont des forts dont il s'empare
Afin de porter de grands coups,
Et c'est le succès qu'il prépare,
Quand il presse les deux genoux.

Regard suppliant qui désire
A la bouche un ardent baiser
Soumettent l'amante à l'empire
De celui qui veut tout oser :
L'effet de l'attaque est magique,
Par le plaisir il est absous :
C'est un mouvement électrique
Qui fait tressaillir les genoux.

Puis, quand des bras de son amante
Il sort, ivre de passion,
Bientôt succède à la tourmente
Une plus douce émotion.
La langueur fait place au délire,
Et, sans craindre un regard jaloux,
Il pose, avec un doux sourire,
Sa tête sur deux blancs genoux.

L. Debuire (Du Buc),
Membre correspondant.

LE MOLLET (1).

Air du *Grenier* (Béranger).

J'avais seize ans, au sortir du collége,
Il m'en souvient, pour le fruit défendu
Bien qu'animé d'une ardeur sacrilége,
Sur son duvet je n'avais pas mordu :
Près de la femme, à mes sens inconnue,
D'un fol émoi tout mon corps tressaillait :
Combien de pas j'ai risqué dans la rue
Pour contempler un séduisant mollet.

C'est qu'un mollet, qui finement se drape
En un bas blanc modelant son contour,
Pour le plaisir est la première étape,
Qu'à ses élus a su tracer l'Amour.
C'est que, par lui, le chemin s'illumine,
Pour nous guider vers le bonheur complet ;
Sans se tromper aisément on devine
Ce que présage un séduisant mollet.

(1) Cette chanson n'a pu être chantée au banquet par suite d'un malheur de famille arrivé à l'Auteur.

Aussi, plus tard, quand mainte vierge folle
Eut défloré ma naïve candeur :
Quand j'eus cent fois, tout en changeant d'idole
Donné, repris et redonné mon cœur ;
Par les excès ma vigueur en souffrance,
A son aspect toujours se reveillait :
La volupté retrouvait sa puissance,
Au doux contact d'un séduisant mollet.

A nos regards, lorsque la fille d'Ève
Doit, par pudeur, voiler bien des appas :
Aux préjugés le mollet faisant trêve
Vit au grand jour, et ne se cache pas.
A sa beauté qu'importe la parure,
A-t-il besoin et de faste et d'apprêt
Pour nous charmer ? Non ! la simple nature
Doit rehausser un séduisant mollet.

Quand l'heure vient où l'âge et la faiblesse
Ont atterré la source du désir,
Le cœur usé, pour tromper la tristesse,
Évoque à peine un lointain souvenir.
Et cependant des jours de son aurore
L'homme retrouve un pâlissant reflet ;
Pour un instant il croit revivre encore
Par le pouvoir d'un séduisant mollet.

Stephen Duplan,
Membre honoraire.

LE JARRET.

Air de *Calpigi*.

Un mien ami de la Corrèze,
A qui je peignais mon malaise,
Du mot que le sort m'envoya,
Me disait, dans son charabia :
« Par mejure dischiplinaire,
« Le chort vous traite en militaire,
« Et pour quelques galants méfaits,
« Vous voilà, mon cher, aux jarrets. »

Ce mot, messieurs, nous représente
Une retraite complaisante,
Où l'amour court le guilledou
Sous l'abri discret du genou ;
Dans l'escalade graduelle
De jambe plus ou moins rebelle,
Notre main fait un temps d'arrêt
A son arrivée au jarret.

J'ai quitté la petite Isaure,
Qui m'aimait bien, qui m'aime encore,
Et qui, m'ouvrant ses petits bras,
Me livrait ses petits appas ;
Elle était belle, aimable et bonne,
Mais, de sa petite personne
La jambe étant courte, elle avait
La taille trop près du jarret.

Nos maitres des cérémonies,
Pour s'éviter des avanies,
M'auraient dû placer, sur leur plan,
Entre *Lesueur* et *Duplan* :
Imitant ainsi la nature
Qui, dans sa belle architecture,
De la femme a mis le jarret
Entre la *cuisse* et le *mollet*.

J. Kraus.
Membre correspondant.

LE PIED.

POT-POURRI.

Air : *Rli, rlan, ran tamplan.*

Faut-il être tourmentant
En plein plan, ran tan palan, tire lire
    En plan,
  Pour vouloir qu'un impotent
    D'un pied chante la gloire !
    D'un joli pied d'ivoire,
   N'est-ce pas dérisoire ?
Je suis encor tout tremblant,
R'li, r'lan, ran tan plan tire lire
    En plan ;
  On m'a perforé le flanc,
   C'est un cruel déboire !

Air : *Souvenez vous en*.

J'aurais bien moins de tracas
S'il fallait chanter un bras :
Car, ma Célestine aidant,
   Souvenez vous en,
   Souvenez vous en.
Rondement et sans regret,
J'embrasserais mon sujet.

Air : *Traitant l'Amour sans pitié*.

Mais il n'en est pas ainsi :
J'ai beau me creuser la tête,
Je reste comme une bête
Avec mon cruel souci.
Vainement je me boursoufle,
Lorsque ma Muse me souffle
Cendrillon, dont la pantoufle
Lui valut un si bon lot :
Ma Muse reste muette,
Mon sujet, je le rejette,
Je ne paierai pas ma dette,
Et voici mon dernier mot,
Oui, voici mon dernier mot !

Air : *A peine au sortir de l'enfance.*

A peine au sortir de l'enfance,
Dix-sept ans au plus je comptais :
Je suivais, avec persistance,
Un joli pied que j'admirais.
Mais aujourd'hui, puis-je le dire
Sans voir mes goûts apostrophés ?
Même à ceux du Céleste-Empire
Je préfère les pieds truffés.

Guillois,
Membre titulaire.

LA PEAU.

Air du vaudeville de *l'Étude*.

Oui, votre conduite est infâme,
Pourvu qu'on l'ignore au parquet !
Des morceaux d'une pauvre femme
Vous faites un joyeux banquet :
Ce crime n'est point une fable,
Chez moi, tirant chaque lambeau,
Dans votre empressement coupable,
Vous avez oublié la peau.

Or, de cette peau je m'empare,
Blanche et douce comme un satin,
Dont la nature souvent pare
La femme honnête ou la catin.
Est-ce Lucrèce ou Messaline
Qu'on a dépecée au Caveau ?
Car, si la peau par fois est fine,
La femme ne vaut pas la peau.

Un charlatan, fameux droguiste,
Sur la place arracheur de dents,
Au village montrait la liste
Des gens guéris par ses onguents.
Ce Mangin, plein d'effronterie,
Disait, argument tout nouveau,
D'une femme que j'ai guérie
Je m'en vais vous montrer la peau.

Hélas ! cette peau me rappelle
Que flânant, à la brune un jour,
Je suivis femme peu cruelle,
Paraissant ronde et faite au tour.
Des grâces c'était un mirage,
La belle, comme en un manteau,
Quand j'ai vu tomber son corsage,
Pouvait se draper dans sa peau.

Vive la peau rose et vivante,
Présage d'un sang vif et pur,
Qui rend une beauté piqnante
Depuis le front jusqu'au fémur.
On la rêve à l'objet qu'on aime
Pour charmer l'œil et le cerveau,
Elle cause un plaisir extrême,
Quand, sous vos doigts, frémit la peau.

Je crois qu'en polissonerie
Mon sujet prête, et cependant
Je m'arrête sans pruderie,
Mais trop chanter est imprudent.
Ce qu'on peut dire on le devine ;
Pour les mœurs tirons le rideau :
Taisez-vous, muse libertine,
Je n'allongerai pas la peau.

Allard-Pestel,
Traiteur du Caveau.

TABLE

Sujets.	Noms des Auteurs.	Pages.
Toast du Président.	Clairville	5
Le Front	Clairville	7
Les Cheveux	Bouclier	11
L'Oreille	Vignon	14
Les Yeux	Vasseur	17
Le Teint	Lagarde	20
La Joue	Duval	23
Les Fossettes	Levaillant	24
Le Nez	Lagoguée	27
La Bouche	Lyon	30
La Langue	Legrand	33
Les Dents	Justin Cabassol	37
Le Menton	Thiébaux	40
Le Sourire	Juteau	43
L'Haleine	Van Cleemputte	45
La Tête	Duval	49
Les Vapeurs	Salin	51
Le Cœur	Toirac	54

Sujets.	Noms des Auteurs.	Pages.
Les Bras	Désaugiers	55
Le Poignet	Prosper Fournier	59
La Main	Louis Protat	64
Le Cou	Vilmay	65
La Gorge	Bugnot	67
Les Hanches	Fortin	69
La Taille	Ch. Fournier	71
Les Nerfs	Charrin	74
Les Doigts	Louis Protat	77
Les Ongles	A. de Montgravier	80
Les Genoux	Debuire (Du Buc)	83
Le Mollet	Duplan	85
Le Jarret	Kraus	87
Le Pied	Guillois	89
La Peau	Allard-Pestel	92

Imprimerie de A. Appert, passage du Caire, 56.

www.ingramcontent.com/pod-product-compliance
Lightning Source LLC
LaVergne TN
LVHW050636090426
835512LV00007B/885